Las apariencias engañan

Novel by

A.C.Quintero

Chapter Art by J. Fierro

ISBN–978-1985247871

Agradecimientos

Quisiera agradecerles a todos los que han formado parte de este gran proyecto.

Agradezco a mi esposo Carlos, por ayudarme a refinar y confirmar mis ideas.

Agradezco a A. Piedra, Nelly H., Cynthia H., y Omar Olaya por su colaboración.

Agradezco a mis estudiantes y a todos los profesores que escogieron esta novela como parte de su curso.

También, agradezco a Cheri y a Bryce Hedstrom por su acogimiento tan cálido. Esta novela no habría sido posible sin la colaboración, las palabras alentadoras y perspectivas distintas de las personas mencionadas.

Contenido

Las Apariencias

Engañan

Todos tenemos secretos...

Capítulo 1
La chica

Domingo, 12 de noviembre

La chica se despertó. Abrió los ojos poco a poco. Sintió que había dormido por mucho tiempo. Ella estaba muy cansada, y quería volver a dormir. Pero no pudo. No pudo porque sentía que algo estaba mal. Tenía un dolor de cabeza terrible, pero ella nunca sufría de dolores de cabeza. Así que el dolor era inexplicable. Aún más curioso, ella no recordaba nada. Estaba mirando el techo de su dormitorio, cuando notó algo aterrador: no era **el techo**[1] de su dormitorio y ella no estaba en su casa.

De repente, escuchó voces. Era la voz de un chico hablando con una chica, pero no sabía de dónde venía ese ruido. «Hola, estoy aquí», ella trató de decir, pero las palabras no le salían de la boca. Miró las paredes, buscando una **pista**[2] de dónde podría estar. Estaba aterrada.

Cerró los ojos otra vez, tratando de recordar dónde estaba y cómo había llegado allí. Trató de

[1] ceiling

[2] clue

moverse, pero no pudo. Su cuerpo estaba paralizado. Escuchó un ruido raro, como el de una máquina. «¿Estoy soñando?», pensó. «¿Algo me ha pasado?» «¿Estoy en un hospital?». Lo último que recordó, fue una conversación con su doctor. Él le había tomado una muestra de sangre; después de eso, no recordaba nada.

Las voces de arriba se volvían más claras. Entonces, pudo escuchar una parte de la conversación entre los chicos:

–«No puedes salir tan tarde. Hay que tener mucho cuidado, todavía no han encontrado a la mesera que desapareció hace unos días. ¿Cómo se llamaba?»–dijo el chico.

–«Se llama Alina…y ella era muy rara. Creo que se fue de su casa con su novio».

En ese momento, Alina comprendió que ellos hablaban de ella. Estaba en el sótano de una casa desconocida. Empezó a llorar, pero nadie la escuchó.

–¡Estoy aquí! –gritó Alina, pero nadie la escuchaba. De repente, ella escuchó que una puerta se abrió. Los ojos se le pusieron enormes.

–¿Quién es? ¿Me voy a morir? –preguntó ella nerviosamente.

–No, no vas a morir precisamente. Piénsalo de esta manera; vas a salvar muchas vidas –le dijo un hombre sacando una **jeringa**[3].

Ella miró intensamente al hombre; su cara le era familiar. ¡Era el doctor Luciano Bermejo!

–¡Aléjese de mí! –gritó Alina.

–Ja, ja, ja, nadie te puede escuchar. Si colaboras, no te va a pasar nada –le dijo el doctor.

–¿Dónde estoy? Estaba en su consultorio, y ahora estamos aquí…¿Qué me va a hacer?

–Alina, relájate –dijo el doctor, tocando la jeringa.

–¿Qué va a hacer con la jeringa?

–Alina, vas a dormir un poco. Eso es todo.

–¿Por qué hace usted esto?

–Lo hago en el nombre de la ciencia…y del dinero. **Dulces sueños**[4] –dijo el doctor mientras la inyectaba.

---

[3] needle; syringe

[4] sweet dreams

Capítulo 2
El Café Tres Leches

Lunes, 13 de noviembre

Salomé y Liliana entraron a su lugar favorito:
El Café Tres Leches. Cuando se sentaron a la mesa,
notaron que había un chico mirándolas.

–Lili, parece que tienes un admirador. Mira el chico
de allí –le señaló Salomé.

–Lo veo, pero no quiero mirarlo. Me parece
bastante familiar...No recuerdo dónde lo he visto.

–Yo sé dónde lo has visto, ¡en tus sueños! –le dijo
Salomé bromeando.

Liliana se reía cuando se acercó la mesera:

–¿Qué les gustaría comer? Tenemos empanadas, flan de coco, flan de caramelo, pastel de tres leches, pan dulce y tarta de chocolate –les dijo la mesera.

–¡Muchas calorías! –dijo Liliana al escuchar las opciones mientras continuaba mirando al chico misterioso.

–Me gustaría un café con leche, dos empanadas y…un flan de caramelo por favor –le pidió Salomé.

–¿Y para usted señorita?

–Me gustaría un café –pidió Liliana.

–¿Quién es ese chico de allí? –le preguntó Liliana a la mesera.

–Es nuevo por aquí. Lo he visto un par de veces. Se llama Nico.

La mesera anotó la comida y las bebidas en su libreta.

–Bueno señoritas, se los traigo enseguida –les dijo la mesera tomando los menús.

Liliana miraba intensamente al chico, cuando Salomé rompió su concentración.

–¡Tengo **tantas ganas**[5] de comerme esas empanadas!

–Salomé, eres muy delgada. Es por

---

[5] I really feel like…

eso que puedes comer empanadas y flan. ¡Yo no! –
exclamó Liliana.

–¡Sí, puedes comerlos! La comida es deliciosa.
No escuches los comentarios negativos de la gente.
Eres muy bonita. Mira, tienes un admirador aquí en
el café –le dijo Salomé mirando a Nico.

–Pero, no es la gente la que dice los comentarios
negativos; es mi novio. Él dice que tengo que **bajar
de peso**[6] para la fiesta de Andrés. Si no, él va a ir con
otra chica –le confesó Liliana, riéndose
nerviosamente.

–Entonces, él es un imbécil. Por supuesto que él
va a acompañarte a la fiesta. Está muy enamorado de
ti– le dijo Salomé.
Ella miró la ropa de Liliana y continuó hablando:

–Pues, tienes un estilo fabuloso. Me gusta tu
camisa.

–Gracias, es una camisa de **Zara.**[7] Venía con una
bufanda roja. Hablando de mi bufanda, ¿La dejé en
tu casa? –le preguntó Liliana.

–Yo no la he visto, pero le puedo preguntar a mi
madre.

---

[6] lose weight

[7] Spanish Fashion Retailer

—Pregúntale porque la necesito para la próxima semana.

La mesera regresó con las empanadas, el flan de caramelo y los cafés. Salomé cortó el flan en dos. Le dio la mitad a Liliana con una empanada.

—¡Come! —le ordenó Salomé.

Las dos se rieron y empezaron a comer.

—¿Sabes que mis padres hablaron con la consejera escolar? —dijo Salomé.

—¿Juntos? — le preguntó Liliana.

—Sí, fue la primera vez que estuvieron juntos por mucho tiempo. Pensé que iba a empezar **la Tercera Guerra Mundial.**[8]

—Pues, mis padres también discutían mucho después de su divorcio. ¿Por qué tus padres hablaron con la consejera? —le preguntó Liliana comiendo su parte del flan.

—Pues, por mis malas notas en la escuela— le informó Salomé mientras tomaba el café.

—Entonces, ¿qué va a pasar?

---

[8] World War III

–Pues, la consejera ha recomendado que yo vea a un psicólogo. ¿Lo puedes creer? Yo no creo que nadie me pueda ayudar. Estoy muy afectada por el divorcio de mis padres y…

Liliana la interrumpió:

–Pues, ir al psicólogo no es tan malo. Yo voy a uno y mi mamá va al mismo psicólogo. Son profesionales y ayudan mucho a las personas con sus problemas.

–¿Todavía vas? Pensé que ya no ibas porque tu padre… perdón, no quise…– le dijo Salomé bajando la cabeza.

–**Salo**,[9] no pasa nada. Sí, la muerte de mi padre fue difícil, pero el psicólogo me ha ayudado mucho. Él es buenísimo…,pero ahora yo voy por otros problemas.

–¡Por tu novio, me imagino! –exclamó Salomé.

Las dos se rieron.

Liliana miró intensamente a Salomé; todavía tenía una expresión muy triste.

–Salo, te conozco…algo más te pasa. Dímelo. ¿Qué te pasa? Soy tu mejor amiga.

–No es nada. Prefiero no… –Liliana la interrumpió:

---

[9] nickname for "Salomé"

—No me gusta la cara triste que tienes. Dime ahora. Estoy preocupada por ti.

Salomé no quería hablar, pero sabía que podía contarle sus problemas a Liliana.

—Pues, tú no eres la única con problemas de novio. Es Camilo. Últimamente, ha estado muy distante conmigo.

—¿Por qué dices que él ha estado distante? —le preguntó Liliana.

—¿Te acuerdas de los poemas románticos que él me escribía?

—¡Claro que sí! Eran tan románticos….y tengo que confesarte que siento celos de ti cuando él te escribe poemas románticos —dijo Liliana.

—Pues, ya no me escribe sus versos románticos. Me enamoré de él porque era sensible y romántico. Pero, ahora es un poco diferente —le confesó Salomé sacando un papelito de su mochila. El papel tenía uno de los poemas de Camilo. Ella leyó el poema.

Eres mi luz de la
mañana
Eres mi sol
—tu amirador,
Camilo

Después de escuchar el poema romántico, Liliana tenía los ojos húmedos como si estuviera a punto de llorar.

–El poema es muy bonito. Por lo menos, tu novio te dice comentarios positivos y palabras bonitas– expresó Liliana.

–Pero, sus mensajes de textos son cada vez más breves y hay otra cosa…

–¿Qué?… respondió Liliana poniendo su café sobre la mesa. Sus ojos brillaron.

Salomé esperó un poco antes de responder. Miró intensamente a Liliana:

–Lo vi el otro día– le confesó Salomé como si confesara un crimen.

–¿Dónde lo viste? –le preguntó Liliana.

–Fui a su casa. Él no sabía que estaba allí.

–¿Qué pasó? Ay, amiga, ¡eres la agente 007!

–Liliana, el problema es muy serio…,creo que Camilo me **está poniendo los cuernos**[10] –le dijo Salomé.

Hubo una pausa. Liliana no podía creerlo.

–Pero, ¿qué viste?– le preguntó Liliana con los ojos grandes.

–Primero, lo llamé y no contestó mis llamadas…

---

[10] cheating on me

–Liliana la interrumpió:

–A veces yo no contesto las llamadas, no significa que te esté poniendo los cuernos.

–Sí, pero después, caminé hasta la ventana de su dormitorio. Antes de decir su nombre, **me detuve**[11].

–¿Por qué te detuviste? –le preguntó Liliana.

–Pues, algo me **dijo que mirara por la ventana**[12]... lo hice. Y vi...

–¿Qué viste? –exclamó Liliana, desesperada. Ella quería saber cada detalle de su **espionaje**[13].

–Vi algo que todavía no comprendo...

–Dime, ¿qué viste? –insistió Liliana.

–Camilo...

---

[11] I stopped

[12] something told me to peek in and look through the window

[13] espionage

Capítulo 3
El bello durmiente

Domingo, 12 de noviembre
La noche anterior

Camilo llegó tarde a la casa. Abrió lentamente la puerta, tratando de no despertar a sus padres. Entró silenciosamente a la casa como si fuera el agente 007. Abrió la puerta de su dormitorio y le dijo a la chica que entrara rápidamente, antes de que sus padres se despertaran.

–¿Por qué estás aquí tan tarde? ¿Tu madre te dejó salir? –le preguntó Camilo, mirando su móvil. Eran las once y media de la noche.

–Mi madre salió a una cita con su novio "misterioso" y yo necesitaba hablar contigo. Me siento mal.

–Hay que tener mucho cuidado, todavía no han encontrado a la mesera que desapareció hace unos días…¿Cómo se llamaba?

–Se llamaba Alina…y era muy rara. Creo que se fue de la casa.

–De todos modos, no debes estar afuera tan tarde.

–Pero, tengo tantos problemas –le dijo la chica, sentándose sobre la cama.

–Hablemos diez minutos y después tienes que irte. Ya es muy tarde.

–Vale.

–Pues, cuéntame, **soy todo oídos**[14].

Ella empezó a contarle sus problemas. Camilo la escuchó como siempre. La miraba atentamente mientras hablaba. Después de la conversación, hubo una pausa; los dos se miraron por un minuto sin decir nada. Había una atracción muy fuerte entre ellos.

De repente, ella rompió el silencio:

–Perdón, no debo estar aquí. No quiero que tengas problemas con tu novia.

–Está bien, tú y yo somos amigos. Si necesitas hablar, aquí estoy –le dijo Camilo.

–Gracias, eres muy bueno conmigo. A veces… quisiera que fuéramos más que amigos –le confesó la chica.

Camilo no sabía qué decir. Iba a hablar, cuando se escuchó un ruido.

–¿Qué fue eso? ¿Lo escuchaste? –dijo la chica. El ruido venía del sótano.

–Sí, lo escuché –respondió Camilo,

---

[14] I'm all ears

—Camilo, ¿Tu hermano está durmiendo en el sótano?

—No es mi hermano, es mi gato. No sé cómo llegó allí porque mi padre tiene la puerta cerrada siempre.

—Tu padre es muy raro.

—Yo sé, los doctores son muy raros. Mi padre tiene un proyecto que lo mantiene ocupado. Mi madre dice que es como un científico loco –respondió Camilo.

Los dos se rieron. En ese momento, sus caras se acercaron más. Él tenía ganas de besarla. Camilo ya no pensaba en su novia. No pensaba en el ruido del sótano. Solo pensaba en ella. Ella también lo miró y...Se besaron.

Mientras ella lo besaba, miraba hacia la ventana para contemplar la luz de la luna. De repente, ella vio una sombra moverse rápidamente afuera.

—Camilo, espera –le dijo ella, dejando de besarlo.

—¿Qué pasa? ¿Es el ruido otra vez? –le preguntó Camilo tratando de besarla de nuevo.

—No...¿Qué es eso? –le preguntó ella, señalando hacia la ventana.

Camilo miró hacia la ventana para ver qué era, pero no vio nada.

—¿Qué viste?– le preguntó.

Parecía una persona, mirando hacia dentro.

Camilo se levantó, abrió la ventana y miró hacia afuera. No vio nada, excepto a su nuevo vecino Nico, que los estaba mirando desde la ventana de su casa.

—¿Ves algo?

—Pues sí, mi vecino está mirando hacia acá. Él es muy **chismoso**[15].

Camilo miró intensamente a su nuevo vecino. Su vecino parecía tener ojos de color neón y que brillaban.

—¿Qué está pasando? —reaccionó Camilo al ver los ojos verdes y brillantes de su nuevo vecino.

—¿Qué pasa? —le preguntó la chica.

—Nada, creo que es mi imaginación— le dijo Camilo.

---

[15] nosy

Ella se levantó y miró su móvil: eran las doce y media. Empezó a recoger sus cosas.

–Gracias de nuevo por escucharme. Me voy antes de que mi madre regrese a casa.

–Está bien, es mejor que te vayas antes de que mis padres… Camilo no había terminado la frase, cuando escuchó la puerta del sótano. Él abrió la puerta de su dormitorio para ver quién era.

–¿Es tu hermano?

–¡Anda! Ojalá que fuera él. ¡Es mi padre!– exclamó Camilo.

–¿Tu padre? Yo pensé que tus padres estaban dormidos.

–Pues, yo también.

Camilo vio que su padre estaba hablando por teléfono.

–Bueno, puedo salir por la ventana –dijo la chica.

–¡No! No te muevas –le ordenó Camilo. Mi padre puede **oír a través de las paredes**[16].

Él miró alrededor de su dormitorio y vio la puerta abierta del armario.

–Escóndete allí, rápido –le ordenó.

---

[16] he can hear through the walls

Ella caminó rápidamente hacia el armario y se sentó en el piso. Camilo regresó a la puerta y escuchó la conversación de su padre.

De repente, el padre escuchó un ruido que venía del dormitorio de Camilo. Dejó de hablar por teléfono y miró hacia el dormitorio de su hijo:

–Flavio, ¿me das un segundo?

Luciano caminó hacia el dormitorio de su hijo. Camilo lo vio y se metió rápidamente en la cama como si estuviera durmiendo. Su padre empujó la puerta y entró como si **fuera un detective buscando pistas**[17] en una escena del crimen. Luciano vio que Camilo estaba dormido. Giró hacia la puerta para salir del dormitorio cuando escuchó un ruido que venía del armario.

–¡Rayos, se despertó! Pero ¿cómo? –pensó Luciano en voz baja.

---

[17] clues

Caminó lentamente hacia el armario. Agarró
la manija [18]de la puerta. Abrió la puerta poco a poco
y agarró la pistola y la apuntó hacia la oscuridad.

Camilo miró a su padre y «se despertó».
–Hola, pa, llegaste muy tarde a casa. ¿Qué hora
es? –le preguntó, Camilo **restregándose** [19] los ojos
como si acabara de despertarse.

–Es la una menos un cuarto –le respondió su padre
en voz baja mientras guardaba rápidamente la
pistola.

–¿Qué tienes en la mano?– le preguntó Camilo.

–Es…mi billetera –mintió Luciano.

Su padre caminó hacia atrás. Camilo miró
intensamente la mano de su padre soltando poco a

---

[18] door handle

[19] rubbing

poco **la manija del armario**[20]. Se sintió aliviado porque su padre ya no abriría la puerta del armario.

–¿Todo está bien?– le preguntó Camilo viendo que su padre todavía tenía el móvil en la mano. Él intentó ver el nombre de la persona en la pantalla, pero el nombre del contacto era:«**Desconocido**»[21].

–Sí, hijo. Todo está bien. Cosas del trabajo. Duérmete. Hablamos mañana –le dijo Luciano al salir del dormitorio mientras continuaba su conversación:

–«Sí, todo está bien. Fue un susto nada más. La tenemos que sacar pronto».

–«Bueno, nos vemos mañana… pero en un lugar más discreto. Es mejor que nadie sepa de nuestra reunión».

–Adiós Flavio– dijo el padre de Camilo, concluyendo la conversación.

Camilo esperó hasta que su padre se fuera a su dormitorio para hablar con la chica. Abrió el armario y la ayudó a escaparse por la ventana.

–¡Qué susto! –dijo la chica.

---

[20] door handle

[21] unknown

–De nada. **Por un pelo nos pilla**[22]–afirmó Camilo, mirando la puerta de su dormitorio.

–¿Es mi imaginación o tu padre tenía una pistola? –preguntó la chica.

–No lo sé, todo fue tan confuso…mi padre es un doctor. Los doctores no tienen pistolas, ¿verdad?

–No estoy segura, pero sentí que tenía algo en la mano. Bueno, me voy antes de que tu padre vuelva.

–¡Buena idea!–respondió Camilo.

Ella salió por la ventana. Camilo estaba cerrando la ventana, cuando vio que su vecino lo estaba mirando otra vez. Camilo lo miró intensamente y el color de sus ojos brilló aún más. Cerró la ventana y las cortinas.

«deben ser lentes de contacto», pensó al mirar el color tan brillante de sus ojos.

Se metió en la cama y pensó en la conversación que su padre tuvo con el tal Flavio. *«La tenemos que sacar pronto»* y *«Nos vemos en un lugar más discreto»*.

«¿Está hablando de tener una cita con mi madre?» se preguntó Camilo.

También pensó en el objeto que su padre tenía en la mano. «No era una billetera». Camilo

---

[22] close call

estaba intrigado con este nuevo secreto de su padre: «¿Qué estará escondiendo? y ¿Con quién hablaba?», se preguntó.

Camilo pensó en las diferencias entre él y su padre: ellos eran como **el agua y el aceite**[23]. Los dos eran muy distintos. Pero, se dio cuenta de que ellos tenían algo en común más que los genes. Mirando hacia el armario, Camilo pensó «Mi padre y yo tenemos **un muerto en el armario**[24]; tarde o temprano saldrá a la luz».

---

[23] like water and oil (they don't mix)

[24] skeletons in the closet (Idiom)

Capítulo 4
El secreto

Lunes, 13 de noviembre

Liliana y Salomé continuaban hablando en el café. Después de escuchar el secreto de Camilo, Liliana se quedó con la boca abierta.

–Lili, ¿qué te pasa? Estás muy sorprendida por la noticia –le dijo Salomé.

–No…es que…no puedo creer que Camilo **te esté poniendo los cuernos**[25].

–Yo también estoy sorprendida.

–Bueno, ¿y la chica? ¿Cómo era? ¿Alguien de la escuela? –interrogó Liliana.

–No estoy muy segura porque era de noche, pero tengo una idea de quién podría ser.

–¿Quién?– le preguntó Liliana con mucha curiosidad.

Salomé le señaló a una chica que estaba en el café y le dijo.

–Creo que es ésa que está allí –dijo Salomé, señalando a la chica.

Liliana miró hacia las dos chicas que estaban sentadas al otro lado del café.

---

[25] cheating on you

–¿Paola? No me lo puedo creer. Es muy buena persona. Ella también va a ir a la fiesta de Andrés.

–No, no es Paola. Es la estúpida de JULIANA– le dijo Salomé pronunciado su nombre lentamente. **Esa arpía**[26] siempre ha tenido interés por Camilo. ¡Quiero darle una buena lección!

–Ay, amiga, cálmate. La verdad es que yo tampoco la aguanto. Ella quería salir con Juan, pero él la rechazó. Me gustaría darle una buena lección y quitarle esa sonrisa tan estúpida que tiene.

–Tengo ganas de hacerlo ahora mismo en este café –confesó Salomé.

Liliana se levantó, caminó hacia Salomé, la abrazó, y le dijo:

---

[26] witch

—Camilo es una muy buena persona. Estoy segura de que hay una explicación razonable de todo esto. Las dos chicas Juliana y Paola, ya estaban acercándose a la mesa.

—Salo, ya vienen, límpiate la cara. No quieres que ella te vea así.

Juliana y Paola pasaron por la mesa de Liliana y Salomé.

—Liliana, tú no deberías estar comiendo el flan… tiene muchas calorías y tú no las necesitas— le dijo Juliana con una sonrisa.

—Pues, lo mismo digo yo de tu madre, **¡flacucha!**[27]– le gritó Liliana.

—Vamos Juli. Ignóralas –le dijo Paola.

Mientras salían, Juliana dijo:

—Su novio está loco por mí…Pobre niña, ella no sabe nada.

—¿Escuchaste lo que dijo? –le preguntó Salomé. Es verdad. ¡Era Juliana la que estaba con Camilo!

—**No le hagas caso**[28]. Es patética.

Después del incidente, Liliana y Salomé conversaron por unos minutos más y las dos se calmaron un poco. Salomé miró su móvil.

---

27 scrawny girl!

28 don't pay her any attention

—Bueno, me voy. Tengo una cita con mi nuevo psicólogo. Es la segunda sesión con él.

—También tengo una cita esta semana —le respondió Liliana sonriendo.

—Salo, todo va a estar bien. Juliana no es importante.

—Gracias por ser mi amiga; ¡Eres divina!

Se abrazaron y se fueron del café.

Nico, el chico que estaba en el café, las observó mientras salían.

Capítulo 5

La cita con el psicólogo

Salomé llegó al consultorio. Entró y habló unos minutos con el psicólogo. Ella se sentó en el sofá con una mirada triste, aún estaba enojada. El doctor Rodríguez se sentó en su silla, agarró el cuaderno y el lápiz, cruzó las piernas e inició la conversación con Salomé:

–¿Empezamos la sesión? ¿Cómo has estado desde nuestra última sesión?

Salomé no contestó la pregunta. Aún estaba pensando en la situación de Camilo; también, pensaba en las palabras de Juliana.

«Su novio está loco por mí; pobre niña, ella no sabe nada»

–Salomé, si quieres ayuda, tienes que decirme lo que te pasa. Estoy aquí para ayudarte –insistió el psicólogo escribiendo sus observaciones en el cuaderno.

–Perdón, doctor. Estaba pensando en mi novio.

–Dime, ¿qué pasa con tu novio?

El doctor miró sus notas y vio el nombre de su novio:

–¿Camilo? –le preguntó el psicólogo.

–Sí, es él. Creo que me está poniendo los cuernos. El otro día fui a su casa, y lo vi besando a otra chica.

–¿Viste a la otra chica? –le preguntó el psicólogo.

–Pues no, era de noche.

–¿Cómo sabes que era Camilo?– le preguntó el psicólogo.

Salomé pensó un momento, «Es cierto, era de noche. Yo estaba muy nerviosa. A lo mejor era su hermano con su novia».

–Yo no estoy segura…,pero una chica del café dijo que él estaba loco por ella –le dijo Salomé.

–¿Ella dijo el nombre de Camilo? –le preguntó el psicólogo.

–Pues no,…pero…,–el psicólogo la interrumpió:

–Salomé, creo que estás pasando por un momento muy difícil y estás imaginando cosas. He visto casos así con muchos adolescentes. Habla con él. Estoy seguro de que hay una explicación.

Ella pensaba en lo que le había dicho el doctor.

–Bueno, tengo otra paciente en media hora, pero la próxima vez vamos a hablar sobre tu relación con Camilo. ¿Qué te parece?

–Me parece estupendo –le dijo Salomé, sacando su móvil, y programando la próxima cita.

–Gracias doctor.

–De nada. Ojalá que ustedes resuelvan sus problemas. Según lo que me dijiste, él es un muchacho muy noble –concluyó el psicólogo.

Salomé salió del consultorio pensando seriamente en lo que le dijo el psicólogo. También pensó en las recomendaciones de Liliana. A Salomé se le ocurrió una excelente idea: «Mañana, voy a hablar con Camilo»,pensó.

En cuanto Salomé salió de la oficina, la sonrisa del doctor desapareció. Regresó a su escritorio para buscar unas notas de sus sesiones anteriores. Encontró su cuaderno. Lo abrió y gritó:

–¡Vaya!

–¿Necesita algo doctor? –le preguntó la secretaria.

–No, gracias, Ingrid. Todo está bien, estoy mirando mis notas.

–Bueno,…se me olvidó decirle que su paciente Carla llamó. Dijo que llegaría tarde.

–Gracias. Usted ya se puede ir; nos vemos mañana –respondió el doctor.

–¡Vaya! No me lo puedo creer. Esto es imposible –dijo el psicólogo al terminar de leer sus notas. Leyó un poco más y dijo: ¡Qué problema!

Capítulo 6
La casa de Camilo

Salomé pasó la noche pensando en Camilo y en la recomendación del psicólogo: «Habla con él, estoy seguro que hay una explicación».

Ella llamó a Camilo varias veces, pero éste no contestó las llamadas así que Salomé decidió ir a su casa.

La madre de Camilo le abrió la puerta.

–Hola Salomé, ¿Cómo estás? ¿Estás buscando a Camilo? –le preguntó la madre dándole un abrazo.

–Sí, ¿Camilo está por aquí? No me ha contestado el móvil –le dijo Salomé.

–Creo que está en su dormitorio. Bueno, entra ¡Qué gusto verte! –le dijo la madre.

Salomé fue directamente al dormitorio de Camilo. La puerta estaba abierta. Ella lo miró por un momento antes de entrar.

«Se ve tan guapo y tan inocente», pensó Salomé al verlo. Se sintió mal por no confiar en él. Camilo estaba sentado en su cama escuchando música y escribiendo algo en su cuaderno. No sintió la presencia de Salomé cuando entró.

–Hola mi amor–le dijo Salomé mientras caminaba hacia Camilo.

Camilo estaba un poco sorprendido por su visita.

–¡**Caramba!** Me asustaste. ¿Por qué no me llamaste antes de venir?–le dijo Camilo, hablándole en un tono frustrado.

–Te llamé, pero no contestaste, mi amor –le dijo Salomé tratando de besarlo. Él **esquivó**[29] sus besos. Miró su móvil y vio que tenía tres **llamadas perdidas**[30]

–¿Por qué me hablas así?–le preguntó Salomé sentándose al lado de Camilo.

---

[29] dodged

[30] missed calls

–Perdón…he estado un poco frustrado con todos los proyectos que tengo que hacer para la escuela. ¡Los profesores dan tanta tarea!

Él trató de esconder el cuaderno que tenía en su mano.

–¿Qué escribes? ¿Lo puedo ver? –le preguntó Salomé, agarrando el cuaderno antes de que él pudiera responder. Leyó inmediatamente el poema:

«Eres la mujer de mis sueños. Sueño todos los días contigo. No puedo esperar a robarte unos besos. Sin ti, mi vida no tendría sentido.

Tu admirador

Camilo»

Después de leer el poema, ella estaba tan feliz por los versos románticos.

–Camilo, tú no me has escrito versos románticos así en mucho tiempo. Esto significa mucho para mí –le dijo Salomé casi llorando.

–Pensé que las cosas entre tú y yo…Camilo la interrumpió.

–Salomé, tengo que decirte algo –expresó Camilo.

–No digas nada mi amor. Tus versos me lo explican todo– confesó Salomé

En ese momento, Salomé lo abrazó y lo besó. Aunque su corazón ahora le **pertenecía**[31] a otra chica, a Camilo le gustó mucho el beso y continuó besándola.

De repente, Salomé escuchó la voz de su madre y los dos se levantaron rápidamente.

–¿Puedo entrar? –le preguntó la madre de Camilo, abriendo la puerta.

–Sí, ma, entra –le respondió Camilo.

–Ah, Camilo, pásame las camisetas de tu armario. Se me olvidó lavarlas con tu otra ropa –le dijo la madre agarrando la ropa sucia de Camilo.
Ella miró a Salomé.

–Salomé, ¿tienes prisa? ¿Quieres quedarte a cenar?– le preguntó la madre mientras recogía la ropa de Camilo.

–No, Ma, ella tiene mucha tarea y no le va muy bien en la escuela. No puede cenar con nosotros– le dijo Camilo, mirando a Salomé.

–Pues, es verdad, tengo mucha tarea y mis notas no son muy buenas –confirmó Salomé.

–Pero Salo, ¡tienes que comer! Quédate para la cena. Estoy preparando arroz con pollo, plátano maduro, frijoles y flan de coco –le dijo la madre.

---

[31] belonged to

–¡**Se me hace agua la boca!**[32] Me encanta el flan.

Ella lo pensó unos segundos. Después le preguntó:
¿Me puedes enseñar a hacer el flan?

–Cuando seas la esposa de mi Camilo, te cuento el
secreto de todas mis recetas del restaurante. ¡A todos
les gustan!–le dijo la madre, con una sonrisa grande.

Salomé sonrió cuando escuchó a su madre
decir «cuando seas la esposa de Camilo», porque era
su sueño casarse con Camilo algún día.

–Pues vale señora Elena. ¡Me quedo!– le respondió
Salomé.

–¿Y tu tarea? ¿Y tus notas? ¿La escuela ya no te
importa? –le preguntó Camilo, desesperado porque
él no quería que Salomé se quedara a cenar.

–Camilo, tus notas tampoco son muy buenas.
Parece que no quieres que ella se quede a cenar–le
dijo su madre, enojada.
Elena quería que Salomé probara el flan especial que
iba a preparar.

–Perdón, es que quiero lo mejor para Salomé–
mintió Camilo.

–Pues, ¡lo mejor es que coma el flan!– le dijo su
madre.
Camilo no le respondió.

---

[32] my mouth is watering (for your food)

—Pues, ven a la cocina y te enseño —le dijo Elena a Salomé. Luego, miró a Camilo y le dijo:

—Camilo, limpia este dormitorio sucio y después, ven a comer.

Capítulo 7
Las apariencias engañan

El doctor Rodríguez se sentó en su silla, agarró el cuaderno y el lápiz, cruzó las piernas, e inició la conversación con su paciente:

–¿Empezamos la sesión? ¿Cómo estás desde nuestra última sesión?

–Me siento mal. Yo no sé qué hacer.

–¿Por qué te sientes mal? –le preguntó el psicólogo, mirando sus notas.

–Estoy confundida por lo de Camilo.

–Por fin hablaste con él y le dijiste que tú ya –ella lo interrumpió:

–Sí, fui a hablar con él.

–¿Y qué pasó?–preguntó el psicólogo.

–Nos besamos –le respondió la chica.

–¡Caramba! –le dijo el psicólogo. Él la miraba esperando a que ella explicara la situación. Él continuó con las preguntas:

–Y, ¿qué piensas de lo que hiciste…¿Fue correcto besarlo?

–Sí, lo quiero, y no puedo dejar de pensar en él– admitió ella.

–Pero, no es tu novio. No es una buena idea salir con él.

–No me gusta la situación. ¿Qué debo hacer? ¿Yo debería hablar con ella? Lo peor es que creo que estoy **enamorada hasta las trancas de él.**[33] ¡No sé cómo pasó todo eso!

–Liliana, no es correcto. Llevas semanas con esta relación secreta. Ella es tu mejor amiga. Se conocen desde hace mucho tiempo…**No vale la pena,**[34] créeme– le dijo el doctor Rodríguez.

–No vale la pena, pero no puedo controlarme. No quiero estar con él pero… –El psicólogo la interrumpió:

---

[33] madly in love

[34] it's not worth it

–Liliana, ustedes son amigas. Si no le dices la verdad, lo menos que puedes hacer es terminar la relación con Camilo. Estás jugando con **fuego,**[35] y tarde o temprano te vas a **quemar.**[36]

Liliana pensó en lo que dijo el psicólogo, pero ella todavía **se sentía entre la espada y la pared.**[37]

Ella quería tener una relación con él, pero tendría que tomar una decisión difícil muy pronto.

---

[35] fire

[36] to burn

[37] to be between a rock in a hard place

–Gracias, voy a hablar con Camilo y voy a terminar la relación con él.

–Bueno. Te recomiendo que hables con él hoy mismo– le dijo el psicólogo.

Liliana y el psicólogo continuaron hablando sobre el problema y cómo resolverlo. Ella se fue de su oficina y pensó, «cometí un error y voy a terminar la relación, mi amistad con Salomé es más importante».

En cuanto se fue Liliana, el psicólogo Rodríguez hizo una llamada.

–Hola, doctor Rodríguez –contestó la mujer.

–Hola, Carla, ¿cómo estás?

–Estoy bien. Estoy pensando en ti, mi amor. ¿Vamos a salir esta noche? Mi hija va a un grupo de estudio. Así que, estoy libre –le dijo la mujer.

–No, no creo que debamos salir. Además, acabo de hablar con tu hija…¡Ella no va a ningún grupo de estudio!– le exclamó el psicólogo.

Carla se levantó de su silla.

–¿Le dijiste a Liliana sobre nuestra relación? –le preguntó Carla furiosa.

–No, mi amor, no vamos a decirle nada a tu hija. Pero, me preocupa tu hija –comentó el doctor.

–¿Por qué te preocupa ahora? – preguntó Carla.

—Carla, yo no debo estar hablando contigo sobre la conversación privada entre tu hija y yo. Como yo soy su psicólogo, los asuntos de mis pacientes son confidenciales…

Carla lo interrumpió:

—¡Dime ahora mismo, si quieres una novia! ¿En qué está metida mi hija? ¿Está embarazada?

—¡Claro que no! Pero, hay que observarla un poco más. Ella está saliendo con un chico que no es apropiado para ella.

—¡Qué!, **¡Es lo que me faltaba!**[38] Su novio es mayor que ella, ¿verdad? ¿Mi hija está saliendo con un hombre mayor con mucho dinero? —le preguntó la madre histérica.

—Carla, ¿qué impresión tienes de tu hija? No es tan seria la situación. Pues, creo que ella necesita más de su madre, eso es todo.

—Bueno, tienes razón, y yo necesito pasar más tiempo contigo. Trabajas tanto. ¿Podemos vernos este sábado? —preguntó Carla.

—Claro que sí amor. Te extraño…Y podemos hablar de cómo ayudar a tu hija— le dijo el doctor Rodríguez.

---

[38] This is just what I needed (sarcastically)!

Más tarde en la casa de Camilo

–Gracias por la cena señora Elena, todo estuvo muy delicioso –comentó Salomé **chupándose los dedos**[39].

–No hay de qué. Estoy feliz que estés aquí **de nuevo**[40] –le dijo Elena.

Salomé no comprendió el comentario porque ella no había estado recientemente en la casa de Camilo. Elena se acercó a Salomé y le dijo: Te escuché hablando con Camilo la otra noche. Generalmente, no me gusta que él tenga visitas después de las diez, pero hice una excepción por ti. Salomé la miró y le dijo:

–Yo no estuve aquí…

Elena la interrumpió:

–**A propósito,**[41] tengo algo para ti.

Salomé estaba confundida, pero no pensó mucho en el comentario. Elena era una persona dulce, pero a veces un poco distraída.

Elena se fue para su dormitorio. Mientras tanto, Salomé habló con Camilo.

---

[39] licking her fingers

[40] again

[41] by the way

—Pues, ¿qué vas a hacer mañana? Me gustaría regresar para que «hablemos» un poco más sobre los besos deliciosos —le dijo Salomé tocando la mano de Camilo.

—Mañana, tengo un montón de tarea —le dijo Camilo, quitando su mano rápidamente.

La madre regresó al comedor.

—Aquí tienes; es la bufanda roja que dejaste aquí el otro día. La encontré en el armario de Camilo. Te la lavé ¿Puedes creer que yo todavía lavo la ropa de Camilo?

Salomé estaba muy confundida porque ella no tenía una bufanda roja. Además, ella no había estado en la casa de Camilo el otro día.

—Bueno, tengo que lavar los platos. Camilo, llama a tu hermano y dile que tiene que regresar a casa antes de las doce.

Ella miró y abrazó a Salomé, diciéndole: Fue un gusto verte otra vez.

Salomé estaba sorprendida. Se quedó inmóvil unos segundos. Ella se llevó la bufanda lentamente a su nariz. **La olió**[42] y miró intensamente a Camilo:

---

[42] smells

–¿De quién es esta bufanda? ¿Por qué hay una bufanda de otra chica en tu casa? ¿Qué quiere decir tu madre con que yo estuve aquí el miércoles? Estuve aquí, pero no entré. Estuve afuera...

–Espera Salo...Todo tiene una explicación– le dijo Camilo.

Salomé pensó un momento en Juliana.

–¿Estabas con Juliana? Yo lo sabía. Eres un **patán.**[43] Elena estaba mirando desde la cocina. Ella dijo en voz baja, «*¡Oh no, la bufanda no es de Salomé!*».

Salomé **se cubrió**[44] la boca con la mano. Examinó la bufanda una y otra vez. Cerró los ojos y pensó por unos segundos. De repente, recordó su conversación con Liliana:

«Gracias, es una camisa de Zara. Vino con una bufanda roja. ¿La dejé en tu casa?».

Camilo estaba hablando, pero Salomé estuvo en un trance, pensando en cada detalle de la conversación con Liliana. En ese instante, recordó otro detalle de aquella conversación.

«Necesitaba hablar con alguien. Y tú [Liliana] estabas ocupada con tu madre así que fui a su casa».

---

[43] jerk

[44] covered

Abrió los ojos. Levantó la bufanda y le dijo:

–Esta no es la bufanda de Juliana: ¡Es la bufanda de Liliana! Yo no estoy loca. Te vi **patán**. Y vi cuando los dos se besaron –le gritó Salomé, enojada.

–Te lo puedo explicar…No fue así. No es lo que piensas. Salo, tú sabes que **las apariencias engañan**[45]…Ella y yo estuvimos hablando. Es todo. Ella es como una hermana para mí –le dijo Camilo.

Camilo se acercó a Salomé, pero ella le dio dos **bofetadas**[46] y le dijo:

–¡No me lo puedo creer! ¡Ella es mi mejor amiga! No vuelvas a hablar conmigo.

–Salo, déjame explicar… Salome lo interrumpió:

–Esto no se quedará así. **Los dos me las van a pagar.**[47]

Camilo se quedó inmóvil por las dos bofetadas. Él nunca había visto a Salomé tan enojada y sus palabras eran **escalofriantes**.[48]

Salomé salía de la casa cuando Camilo recibió una llamada de Liliana. Ella agarró el teléfono y contestó la llamada:

---

[45] nothing is as it seems

[46] slaps

[47] you both will pay for this/variation: "me la van a pagar"

[48] bone–chilling

–Camilo, tenemos que hablar– le dijo Liliana, pensando que Camilo había contestado la llamada.

–¡Eres una **traidora**![49]–le gritó Salomé.

–¿Camilo?

–No soy Camilo. Soy tu peor **pesadilla**.[50] Fuiste tú, **traidora**– le dijo Salomé

Liliana estaba horrorizada. Ella no quería que Salomé descubriera la verdad así.

–Salo, nada ocurrió, te lo prometo –le respondió Liliana, asustada.

–Explícaselo a tu novio Juan, se lo voy a decir todo. ¿Cómo pudiste? Eres patética. ¡Te odio!

–Salo, no le digas nada a Juan porque no hay nada que decirle –le suplicó Liliana.

–Te voy a destruir–prometió Salomé. – Te has metido con **la chica equivocada**[51]– dijo Salomé al terminar la conversación telefónica.

Salomé tiró el móvil al piso y se fue de la casa de Camilo. Liliana tuvo el móvil en la mano por mucho tiempo. Ella estaba totalmente impresionada por la conversación. Tenía mucho miedo porque Juan era un novio muy celoso. Liliana sabía que si

---

[49] traitor

[50] nightmare

[51] you've messed with the wrong "chick" (girl)

Salomé le contaba la verdad a Juan, Camilo tendría serios problemas.

Salomé llegó a su casa furiosa. Agarró su móvil. Iba a escribirle un mensaje de texto, pero quería hablar con su amigo.

–Hola, Salo, ¿qué tal?

–Hola Juan, ¿estás ocupado?…,necesito hablar contigo.

–Claro…oye, ¿has hablado con Liliana? No contesta su móvil.

–Sí, acabo de hablar con ella…,precisamente tengo algo que decirte.

–¿Todo bien? –le preguntó Juan.

–Pues, sí…Nos vemos en veinte minutos.

–Vale.

Capítulo 8
La pelea

Juan estaba furioso. Levantó a Camilo en el aire y **lo tiró**[52] al piso.

—Te voy a enseñar una buena lección —le dijo Juan, pegándole en el estómago. Juan le dio unas **patadas,**[53] y por fin lo tomó por el cuello.

—No puedo…respirar….**suéltame**[54]—susurró Camilo.

—Uno, dos, tres— gritaron los estudiantes al unísono.

Juan había ganado la pelea de **lucha libre.**[55]

—¡Terminó la clase de lucha libre!— gritó el profesor de la clase de educación física.

Los estudiantes empezaron a recoger sus cosas. El profesor caminó hacia Juan y Camilo y les preguntó:

—¿Todo está bien entre ustedes? Noté un poco de tensión.

---

[52] threw him

[53] kicks

[54] let me go

[55] wrestling match

–¿Tensión? ¿Qué tensión? Camilo es mi mejor amigo –le dijo Juan, **guiñándole el ojo**[56] a Camilo. Pero, Camilo estaba demasiado **adolorido**[57] para responder.

–Estoy furioso por un problema que tengo –le dijo Juan.

–Está bien –le respondió Camilo. Pero, estaba convencido de que "el problema" era su relación secreta con Liliana.

–Camilo, ya puedes irte, tengo que hablar con Juan un rato –le dijo el profesor.

Camilo fue a los **vestidores**[58] para cambiarse la ropa. Al entrar allí, escuchó que los chicos hablaban de él:

–Juan te dio una tremenda paliza –le dijo Eduardo.

–Camilo, tienes que **levantar más pesas**[59] o algo, hermano –le dijo Andrés.

–Juan es muy fuerte. ¿Ustedes no vieron lo que pasó con Miguel? Pasó tres días en el hospital –dijo Eduardo.

–¡Pobre chico!– dijo Simón.

---

[56] winking his eye at him

[57] in pain

[58] locker room

[59] lift more weights

–Pues últimamente no he practicado la pelea…,he estado muy ocupado –respondió Camilo, dando una excusa por la paliza que le había dado Juan.

–¿Ocupado con Liliana? ¿Qué chica tan bonita?

–le dijo Andrés, poniéndose los zapatos.

–¿Qué? –le preguntó Camilo, totalmente sorprendido de que Andrés supiera algo sobre su relación con Liliana. Camilo pensó, «Salomé se lo contó a todos. ¡Soy hombre muerto!».

–Perdón, yo siempre confundo tu novia con su guapa amiga. Yo quería decir «Salomé». Has estado ocupado con Salomé, ¿verdad? –le preguntó Andrés.

–Más o menos –respondió Camilo. Y Daniela, ¿ustedes siguen juntos?

–Pues ya hemos terminado. Ahora me está gustando Marisa –le confesó Andrés.

Marisa es muy bonita –dijo Simón mirando a Andrés.

–Pues es mi invitada especial para la fiesta. No puedo esperar –les dijo Andrés, sonriendo.

–Camilo, tienes que ir a la fiesta mañana por la noche. Mis padres no van a estar así que va a ser una gran fiesta –continuó Andrés.

–Vale. Yo voy. Nos vemos –les dijo Camilo al salir de los vestidores.

Camilo regresó a la clase, y vio a Juan todavía hablando con el profesor. Mientras miraba los músculos de Juan, el miedo le invadió inmediatamente y pensó, «Salomé se lo dijo, yo lo sé. Juan me pegó muy fuerte durante la práctica».

La clase terminó, Juan agarraba sus cosas, cuando vio que Camilo estaba parado como si estuviera en un trance. Lo llamó.

–Camilo, espera –le gritó Juan.

Camilo lo escuchó, pero quería distanciarse. Salió rápidamente de la escuela y se fue para su casa. Después del beso con Liliana, Camilo pensó que no podía hablar con Juan. Él tenía mucho miedo y se sentía culpable. Tenía miedo de perder su amistad con Juan. Aunque ellos tenían algunas diferencias, siempre habían sido buenos amigos. Pero Camilo sabía que él había cruzado la línea y que no **había marcha atrás**.[60] Mientras caminaba a casa, su corazón latía fuertemente. Estaba sudando mucho pensando en el encuentro que tendría con Juan.

---

[60] there was no going back

Capítulo 9
El padre ejemplar

Mientras Camilo estaba en la escuela, Luciano trabajaba en el sótano. Había pasado unos días y tenía que terminar el experimento con Alina antes de que su familia descubriera su secreto.

Luciano era parte de un grupo secreto de doctores y **funerarios**[61]. El grupo secreto vendía órganos en el mercado negro. Pero, eso era solo un detalle de su trabajo clandestino. Ellos también tenían un pacto con otro grupo secreto. Luciano y sus amigos les quitaban los órganos a las personas, pero «*el otro grupo*» les quitaba otra cosa, mucho más valiosa.

A Luciano no le gustaba tener que realizar esos experimentos en su casa, pero un colega suyo, un doctor llamado «Gilberto» lo descubrió todo y lo reportó. Aunque poco tiempo después, Gilberto se murió de «un ataque al corazón» su reporte llegó a los oficiales. Desde entonces su laboratorio y el de su amigo Flavio, tenían inspecciones regularmente. A veces, los inspectores venían **sin avisar**[62].

---

[61] morticians

[62] without warning

Luciano salió del sótano e iba para el baño para quitarse el olor de los químicos que usaba en los experimentos. De repente, escuchó una voz:

–¿Por qué pasas tanto tiempo en el sótano?¿No tienes que trabajar hoy? ¡Necesitas pasar más tiempo con Camilo!

–¿Qué pasa con Camilo? –preguntó Luciano.

–Ah, que no sabes. Tiene problemas con dos chicas. Hubo un escándalo en la casa el otro día. ¡Tienes que ser más como un padre ejemplar!…¿Por qué hueles tan mal? ¿Qué es ese olor?

–Es de un experimento. Elena, yo…
Luciano dejó de hablar porque la puerta de la casa se abrió.

En ese momento, Camilo entró a la casa, furioso. Fue directamente a su dormitorio. Cuando su madre lo vio entrar, le dijo a su esposo:

–Ve y habla con él. Es el momento de pasar tiempo con tu hijo y no estar allí, haciendo tus experimentos en el sótano.

Camilo entró a su dormitorio y **prendió**[63] la computadora. Inmediatamente vio la siguiente notificación:

«Tenemos que hablar».

---

[63] turned on

El mensaje era de Juan. Camilo entró inmediatamente en pánico. Buscó su móvil para escribirle un mensaje de texto a Liliana, pero no lo encontró.

–¡Caray! ¿Dónde está mi móvil? –dijo desesperado.

Permaneció en silencio unos minutos sobre su cama mirando hacia arriba, pensando en la situación. De repente, sus pensamientos fueron interrumpidos por su padre:

–Hijo, ¿puedo entrar? –le preguntó su padre.

–Sí, pa, entra.

–Te llamé después de la escuela; ¿Por qué no contestaste el móvil?

–Dejé mi móvil en la escuela –dijo Camilo.

–Hijo, es la segunda vez que dejas el móvil. Hay que ser más responsable.

Su padre exhaló…Él quería decirle algo más a su hijo.

—Tu madre me dijo que tienes problemas con DOS chicas. ¿Quién eres Camilo?

«Ay, no», pensó Camilo.

Camilo estaba avergonzado porque ahora su padre sabía su secreto; pero Camilo todavía no sabía el secreto de su padre.

—Salomé y yo terminamos. Ya no somos novios.

Su padre sonrió porque él creía que era el momento perfecto para hablar «hombre a hombre» con su hijo. Elena se acercó a la puerta para escuchar la conversación entre su esposo y Camilo.

—Pues hijo, comprendo perfectamente. Eres un adolescente y estás muy confundido. Lo mismo me pasó a mí cuando estaba en la universidad. A veces, los hombres somos impulsivos, cuando debemos ser **caballeros**[64].

—¿Caballeros?

—Sí, hijo. ¡Necesitas aprender la palabra! Cuando era joven, yo tenía muchas opciones. Por ejemplo, había una chica muy bonita. Se llamaba Eva. Era una persona espectacular. Me gustaba muchísimo y era durante el mismo tiempo que salía con tu mamá.

---

[64] gentlemen

–¡Es la historia de mi vida! Entonces, ¿qué pasó entre ustedes? –le preguntó Camilo.

–Pues nada porque Eva no era para mí.

Yo quería a tu madre y no quería hacerla sufrir. Tu mamá no sabe, pero dejé de ser amigo de Eva. Elena, tu madre, era mi **media naranja;**[65] y todavía lo es.

Elena sonrió al escuchar esas palabras.

Pero, Camilo pensó en la conversación misteriosa que tuvo su padre aquella noche y le preguntó:

–¿Todavía quieres a mamá?

–¡Claro! Ella es mi media naranja. Ella es tan bonita tal como el día que nos conocimos. Recuerdo que llevaba un vestido rojo. Su cuerpo era…

Camilo lo interrumpió:

–Pa, ¡no quiero escuchar sobre el cuerpo de mi mamá!

–Pues, tu mamá es una mujer bonita.

Elena se apartaba silenciosamente de la puerta, cuando escuchó que Camilo había preguntado sobre una llamada de teléfono. Entonces, ¿con quién estabas hablando el otro día por el teléfono?

---

[65] soulmate

Ella regresó para escuchar porque últimamente su esposo hablaba en su línea privada y no salía del sótano. Ella pensó «Camilo también sospecha algo».

Luciano miró a su hijo. No podía decirle la verdad porque Camilo no comprendería la situación. Elena se acercó más a la puerta para continuar escuchando la conversación entre ellos.

–Hijo, la llamada se trataba de un trasplante problemático. Elena es el amor de mi vida –le dijo Luciano.

Ahora él pensaba que habría que ser más responsable con las conversaciones «clandestinas».

–Bueno, pa, gracias.

–Sé que quieres mucho a Salomé. Ella es una buena chica. Pero, hijo, comprende que «si juegas con fuego, tarde o temprano te vas a quemar» –le dijo Luciano.

–Gracias, es una buena recomendación.

–Sé que hoy en día muchos hijos sienten que no pueden hablar con sus padres, pero puedes hablar conmigo. No hay nada demasiado «escandaloso» para mí, hijo.

Mientras su padre hablaba, se escuchó un **golpeteo**[66] en la ventana. Camilo miró hacia afuera: había una chica tratando de llamarle la atención. Camilo la vio y tuvo miedo inmediatamente.

–¿Qué fue eso? –le preguntó Luciano, mirando alrededor del dormitorio paranoico.

Camilo no quería que su padre viera a la chica.

–Fue una notificación de la computadora. Dejé mi móvil en la escuela y todos mis amigos me están escribiendo mensajes.

–Bueno, adiós, hijo y por favor, piensa en lo que te he dicho. Te quiero.

–Gracias pa.

Elena fue rápidamente a la cocina.

Camilo se levantó y acompañó a su padre a la puerta. Su padre giró hacia él otra vez:

–Recuerda hijo «si juegas con fuego, tarde o temprano te vas a quemar».

Su padre salió del dormitorio.

–Camilo regresó rápidamente a la ventana. La abrió y la chica entró a su dormitorio.

---

[66] tap on the window

Capítulo 10

La visita sorpresa

Camilo la miró y le preguntó:

–¿Por qué estás aquí? Entra rápido antes de que mi padre te vea.

–¿Por qué no me has contestado los mensajes de texto? –le preguntó la chica frustrada.

–No tengo mi móvil –le dijo Camilo, cambiando su camiseta.

–¿Qué te pasó allí? –dijo la chica, señalando una **cicatriz**[67] que tenía Camilo en su cuerpo.

–¿Nunca has visto esto? Es de una cirugía de niño…,una infección de **los riñones**[68] o algo así. Era muy joven cuando pasó –le dijo Camilo cuando se dio cuenta de que ella tenía algo en la cara.

–¿Qué te pasó en la cara? –le preguntó Camilo examinado su cara.

–Cuando saludé a Salomé en la clase de ciencia, me dio dos **bofetadas**[69]. Me duele mucho la cara– comentó Liliana.

---

[67] scar

[68] kidneys

[69] smacked me

—Pues, Juan me dio una paliza en la clase de educación física. Yo sabía que todo era una muy mala idea – le confesó Camilo.

El gato de Camilo entró a su dormitorio.

—¡Ay!… Sácalo…,soy alérgica a los gatos– gritó Liliana.

—¡Tranquila! No quiero que mis padres sepan que estás aquí. Ya tuve una conversación bastante incómoda con mi padre.

—Perdón…,es que los gatos me causan alergias– continuó Liliana.

Camilo sacó al gato, pero el gato volvió a entrar.

Camilo tenía una cara triste. Empezó a hablar:

—Lili, todo fue un error. Juan fue extremadamente violento conmigo en la clase de educación física– le dijo Camilo, mostrándole sus costillas moradas.

—¿Juan te hizo eso?

—Sí, además, me ha mandado un mensaje diciendo que quiere hablar conmigo.

—**¡Qué casualidad!**[70] También, me ha mandado un mensaje. Quiere hablar conmigo en el Café Tres Leches más tarde. Por eso, no me puedo quedar mucho tiempo.

---

[70] what a coincidence

–Nuestra relación es un error –admitió Camilo,
bajando la cabeza.

–Pensé lo mismo después de hablar con mi
psicólogo. Pero no es así. Nuestra relación no es un
error. Te quiero mucho –dijo Liliana tocando la
mano de Camilo–. Camilo, estoy enamorada hasta
las trancas de ti. Ya no me importa Juan. Sólo me
importas tú –le confesó Liliana.

Camilo escuchó las declaraciones de Liliana.
La miró intensamente. Él también estaba **enamorado
hasta las trancas de ella**[71]. Él no pudo resistir el olor
del perfume, su mirada dulce ni sus grandes ojos
cafés. Liliana tocó su cara y él se sintió como un

---

[71] head over heels in love

prisionero delante de ella. Su perfume lo paralizó. Él no pudo resistir la tentación de abrazarla y besarla.

De repente, se dejaron de besar. Escucharon una conversación entre la madre de Camilo y otra persona. La conversación se volvió **más fuerte**[72]:

–¿Quién es? –le preguntó Liliana–. ¿Esperas a alguien?

Camilo se acercó a la puerta para escuchar quién era la persona.

–Sí, está aquí en su dormitorio –le dijo la madre a la otra persona.

–¿Te vas a quedar para la cena? Voy a preparar una paella suculenta de mariscos –le dijo Elena a la persona.

–¡Claro que sí! ¿Una paella de mariscos? Me encanta la paella. Cuando fuimos a Valencia el año pasado, comimos paella todos los días –le contestó la persona.

–Entonces, me gustaría saber tu opinión porque esta semana estamos poniendo la paella en el menú del restaurante. Dame la información de tus padres porque los quiero invitar –le dijo Elena.

---

[72] got louder

—Me parece buena idea. ¿Puedo invitar a mi novia. A ella también le encanta la comida española? –le preguntó el chico.

—Sí, claro. ¿Cómo se llama? La puedo anotar en la reservación.

—Se llama Liliana –le dijo con una sonrisa grande.

—¿Liliana? –le preguntó Elena con una expresión confusa.

—Sí, ¿La conoces? –preguntó Juan.

—No, no la conozco, pero su nombre es muy familiar…No tengo buena memoria. Ella miró la puerta cerrada de Camilo y le dijo:

—Camilo estará feliz de verte. Últimamente pasa mucho tiempo allí hablando solo.

Camilo casi tuvo un ataque al corazón cuando escuchó el nombre de Juan. Con una cara aterrada y una voz quebrada, miró a Liliana y le ordenó:

—Escóndete en el armario. Métete rápido.

—¿Quién es? –le preguntó Liliana.

—¡Es Juan! –le advirtió.

Liliana corrió hacia el armario y se escondió. Su corazón **latía**[73] rápidamente mientras encontraba

---

[73] was beating

un buen **escondite**.⁷⁴ Ella se sentó en el armario mientras escuchaba la voz de Juan. De repente, la voz de Juan parecía más cerca; él estaba justo frente del armario.

Liliana dejó de respirar. Apretó las manos. Se paralizó mientras la puerta se abría poco a poco, dejando que la luz del día iluminara el armario. Ella podía ver por medio de un **hueco**⁷⁵ la silueta alta y musculosa de su novio celoso. Él estaba plantado frente al armario, hablando con Camilo.

En ese momento, su pierna empezó a irritarle. Ella la **rascaba**⁷⁶ y de repente se dio cuenta de que era el gato de Camilo: «Ay no, lo que me faltaba», pensó Liliana. Ella era alérgica a los gatos. Trató de apartar el gato, pero continuaba caminado hacia ella.

–Miau, Miau– expresó el gato; no quería salir del armario. Liliana estaba en el lugar preferido del gato.

El gato caminó hacia su cabeza y empezó a tocarle el cabello y casi inmediatamente, la cara empezó a **hincharse**⁷⁷. Tenía tantas ganas de

---

⁷⁴ hiding place

⁷⁵ hole

⁷⁶ scratched her leg

⁷⁷ swell

estornudar [78], pero no podía porque Juan estaba afuera. Liliana se sintió literalmente entre la **espada y la pared**[79] mejor, ¡entre el gato y la pared!

Aunque la puerta del armario estaba abierta, Juan no miraba hacia adentro; hablaba todavía con Camilo. Él giró la cabeza poco a poco hacia el lugar donde estaba Liliana y ella lo vio y pensó «**Me ha pillado**[80]». Ella estaba a punto de levantarse cuando vio la mano de Camilo cerrar lentamente la puerta del armario.

---

[78] to sneeze

[79] between a rock and a hard place

[80] He caught me/ my cover is blown

–Juan, no pongas la mochila en el armario –le dijo Camilo.

–Pero, tú siempre dices que no hay suficiente espacio en tu dormitorio pequeño. ¿Qué pasa: **tienes un muerto en el armario?**[81] ¿Qué secretos escondes tú allí, hermano? –le preguntó Juan.

Camilo tenía miedo. No podía creer el comentario de Juan. Hubo una pausa. Camilo no dijo nada. Liliana se cubrió la boca y su corazón latía más rápidamente.

–Camilo, Camilo –le dijo Juan, tratando de llamarle la atención.

–¿Dónde pongo mi mochila?–preguntó Juan.

–Ay, perdón…Ponla aquí –le indicó Camilo, señalando un lugar al lado de su cama.

---

[81] Do you have a skeleton in the closet?

En ese momento Camilo vio la mochila de Liliana y la empujó por debajo de la cama para que Juan no la viera. Escondió el móvil de Liliana rápidamente antes de que Juan girara hacia él. Camilo miró a Juan, tratando de **adivinar**[82] la razón por su visita.

—Pues, pensé que íbamos a vernos mañana en la fiesta de Andrés. ¿Por qué viniste hoy?– le preguntó Camilo, todavía adolorido por la paliza que Juan le dio en la clase de educación física.

Juan lo miró con una mirada seria y le dijo:

—Tú y yo tenemos que hablar.

—¿De qué? –le preguntó Camilo, con voz temblorosa.

Juan esperó un poco. Miró hacia el piso y después miró directamente a los ojos de Camilo.

—Hablé con Salomé...

—Camilo se puso tenso. Tenía la boca **seca**[83] y el miedo empezó a invadir cada centímetro de su cuerpo. Liliana escuchó el nombre de Salomé y de repente, no pudo respirar. Su corazón latía aún más rápidamente. Ya sabía que Salomé se lo había contado todo a Juan.

---

[82] figure out

[83] dry

En ese momento, se restregó los ojos, por las alergias al gato y uno de sus **lentes de contacto**[84] se cayó al piso.

«Lo que me faltaba», pensó ella al buscar el lente de contacto. Tocó el piso tratando de encontrarlo cuando movió una parte de la madera del piso. Había un hueco allí. Vio una luz y escuchó a otras, personas hablando.

Miró por el hueco, pero no vio mucho. De repente, vio algunas máquinas. «¿Qué es esto? ¿Es un laboratorio?», pensó ella. En ese instante, vio a las personas que escuchaba. Era el padre de Camilo, con otra persona.

–Voy a terminar con todo esta noche –dijo Luciano.

–Nadie va a sospechar nada. Todos piensan que se fue con su novio...**me encargaré de él**[85] también.

–Flavio, no dejes ningún **cabo suelto**[86].

–Pues no, hay que sacrificar por la ciencia...y por otras cosas –dijo Flavio.

–Y para nuestras cuentas bancarias, ja, ja –dijo Luciano, riéndose.

---

[84] contact lens

[85] I will take care of him

[86] loose ends

Ellos se movieron del lugar y siguieron hablando. Ella vio una mesa con algo **colgando**,[87] pero no pudo ver lo que era.

«Rayos»– Miró intensamente el objeto en el sótano.

Afortunadamente encontró el lente de contacto que estaba buscando. Lo recogió y se lo puso de la mejor manera que pudo. Miró por el hueco de nuevo y casi tuvo un ataque al corazón. «Caramba», pensó.

Miró intensamente por el hueco para confirmar lo que veía: era el cuerpo de otra persona en el sótano. Pero, no podía verle la cara.

Los dos hombres regresaron y ella dejó de mirar. Cubrió el hueco con la madera y se sentó en

---

[87] hanging

el armario aún más confundida y temerosa. «¿Qué está pasando aquí?», pensó.

Mientras tanto, Juan y Camilo continuaron hablando sobre lo que Salomé le dijo a Juan.

–Encontré tu móvil en la escuela…

–Juan, te lo puedo explicar

Juan lo interrumpió:

–…Dejaste tu móvil en clase. Leí tus mensajes… tu contraseña es el cumpleaños de Liliana. ¿Hay algo que tú me quieras decir…,hermano? –le preguntó Juan con un tono de voz seria.

En ese momento, Camilo miró hacia el armario y recordó las palabras de su padre «si juegas con fuego, tarde o temprano te vas a quemar».

Fin de la primera parte

Las apariencias engañan.

Pero, nuestro cuento no termina aquí, esta historia continuará. En la segunda parte, las cosas se ponen aún más intensas. Juan visita la casa de Camilo porque ha descubierto un secreto de Camilo… Juan no sabe que su novia está escondida en el armario. Descubriremos que Juan, también tiene unos secretos que dejarán a todos boquiabiertos.

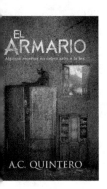

Liliana descubre un secreto en la casa de un "amigo". Ahora, está entre la espada y la pared...

El amario
"Algunos secretos no deben salir a luz..¿.o sí?

ESPAÑOL 3+

Glosario

abrazo– hug
abrió–s/he opened; you opened.
(se) acercó –s/he moved closer; you moved closer
aconsejó– s/he advised; you advised
adivinar– to guess
adolorido– hurt
agarraba – grabbed
agarró– s/he grabbed; you opened
alguien– someone
aliviado– relieved
añadió – s/he added; you added.
apagar –to turn off
apartar – push away
armario – closet
arregló – s/he fixed; you fixed
asuntos –issues/matter
asustando– scaring
asustaste – you scared me
a través – through
avergonzado– embarrassed
bastante – enough
besándose –kissing each other
besar– to kiss
(se) besaron– they kissed; you all kissed
besos – **kisses**
bofetadas – slap

brillaron– they shone
bromeando– joking
bufanda– scarf
buscaban
cambiar– to change
caminé – I walked
caminó–s/he walked
campana– bell
capaz – capable
cara – face
casarnos –marry (we)
celoso– jealous
cena – dinner
cerraba –closed/ was closing
cerró – he/she closed
cita – date
cole – school
comedor – dinning room
comunicaré– I will tell you
confieso – I confess
confundida – confused
conmigo– with me
consejera– counselor
consejos – advice
contaste –you told
contigo– with you
(se) conocen– they/you all know each other
contó –he/she told; you told
convencido – convinced
cosas –things
cuchillo – knife

cuerpo –body
culpa– guilt
curvilínea – curvy (body type)
desesperado– desperate
despertar– to wake up
dijiste– you told
dime –tell me
dio– he/she gave; you gave
dormidos– asleep
Dormitorio- bedroom
durante –during
duro –difficult
embarazada– pregnant
empezaron– they started; you all started
empezó– he/she started; you started
empujó– he/she pushed; you pushed
enamorando– falling in love
enamoré– I fell in love
(se) encarga– s/he takes care of something; you take care of something
encontró– he/she found; you found
engañando– deceiving
enseguida– right away
era –s/he was; you were
esconderse– to hide
escóndete– hide!
escribía–he/she wrote; you wrote

escrito– written
esperanza– hope
estaba–he/she was; you were
fijamente– staring
Fue–s/he went, was; you went, were;
ganado– won
gatos –cats
giró– he/she turned
gradué– graduate
gritaron –they screamed
guardó– he/she put away
había– there were
había ganado –had won
había visto –had seen
habitación– room
hemos hablado –we've spoken
hiciste –you did; you made
iba –he/she was going; you were going
íbamos – we were going
irá– s/he will go; you will go
iré– I will go
muerte –death
lentamente –slowly
leyó–s/he read
límpiate –clean up (fam.)
llegaría–s/he, I, you would arrive
llegaste – you arrived
llegó– s/he arrived; you arrived
(se) levantó– s/he got up; you got up

llorando –crying
llorar –to cry
Lugar –place
luna– Moon
luz – light
manda– s/he sends; you send
mano –hand
matar –to kill
mataría– s/he, I would kill
meneando– shaking head in disapproval of something
mesa –table
meses– months
meterse – to get involved
(se) metió–s/he got involved; you got involved
(se) miraron– they looked at each other; you all looked at each other
(se) moría – s/he was dying (to tell do something)
miradas– looks
miró –he/she looked
mitad– half
montón –a lot
móvil – cell phone
nariz –nose
noticia –news
oír –to hear
ojalá– I wish
ojos –eyes
otra vez –another time
otro –other

paliza –beating
pantalla –screen
papelito –paper; post it note
parece –it seems like
(se) paró –s/he stopped; you stopped
partiría– s/he, I would split (something)
pasaron– they spent; you all spent (time)
paulatinamente –slowly
pelaban– they used to fight; you all used to fight
pelea– fight
pensamientos– thoughts
pensando –thinking
pilló – he/she caught; you caught
piso –floor
podría –s/he could be; you could be
preocupa– s/he worries; you worry
p**restarle atención**– to pay attention to
próxima –next
pudiste– you were able to/ could
(se) puso de pie– s/he stood up; you stood up
(se) quedaba –s/he, I stayed; you stayed **quería**– s/he, I wanted; you wanted

(se) quejó– s/he complained; you complained

quiso– s/he, I wanted; you wanted; s/he, I, tried; you tried.

quitarle– take something away from someone

quizás– perhaps

rayos –rays (sun/moon)

rechazó– s/he rejected; you rejected.

recoger –to pick up

recordó –s/he remembered; you remembered

regresó– s/he returned; you returned.

(se) reía– s/he was laughing; you were laughing

riesgo– risk

sabía –I/he/she knew

sacó– s/he took out; you took out

saldrán – they will come out; you all will come out

salían– they used to leave; you all used to leave; were leaving

salió– s/he left; you all left

seguro – sure

señaló– s/he indicated; you indicated

sentadas– seated

(se) sentía– s/he felt; you felt

será– s/he, it will be; you will be

(se) reía– s/he was laughing; you were laughing

(se) rieron –they laughed

(se) sintió –he/she felt

siguieron– they followed; you followed

sollozos– sobs

sombra– shadow

sonido –sound/noise

sonrisa –smile

sorprendido (a) – surprised

subir– to go up/ climb

sueños– dreams

suerte –luck

superado –overcome

tema– theme/topic

tener ganas– to feel like doing something

tenia –s/he, I, had; you had

tiró– s/he threw; you threw

tomando– drinking

tonto– silly

traicionar– to betray

traidora – traitor

tratando– trying

trató– s/he tried; you tried

última –the last

últimamente– lately

ventana– window

vi – I saw

viajando– traveling

vieron– they saw; you all saw
viniste –you came (to see)
vio– he/she saw
(se) volvió –s/he returned; you returned

Vuelve–s/he returns; your returned

¡Gracias por leer!
A.C. Quintero
Check out more titles!

Spanish Novels
For
Lower-Levels

Simple Language

Compelling storylines

Carlos is secretly in love with a girl in his Spanish class. However, when the teacher finds out about his classroom "crush" he tries to "play match-maker," and his efforts are disastrous. Carlos has to navigate awkward moments, a nosy teacher, and his own self-confidence to avoid making the ultimate confession... and he's not the only one!

Carlos leaves Spanish class utterly embarrassed, and his day goes downhill from there. From technical issues with his cellphone, to a sarcastic math teacher, he just doesn't get a break. Carlos is given one more chance to make things right...but, he messes that up too! Now, the advice of his friend could make or break his love life. Find out in part 2!

It's Esteban's birthday, but he can hardly get a break. First, his teacher forgets his birthday, and then Roberto, the bully is determined to destroy his special day. Esteban has to find the courage to stand up for himself, on this birthday!

Spanish Novels
For
Upper-Levels

Comprehensible Language

Compelling storylines

Camilo, one of the sweetest boys in Buena Vista, is wearing a mask. His girlfriend discovers his double life; but, he isn't the only one with compromising secrets. His house harbors a bigger secret that has haunted the town for years. "Las apariencias engañan" reveals the timeless truths that: things are never what they seem.

We've all heard the old adage, "If you play with fire, you will get burned." But some teens like to test the flames... Camilo is one of them. As his mask slowly starts to crack, his grip on reality is slipping away, and the door to his "closet" slowly opens, revealing fragments of his secret life and that of his family's. "El Armario" affirms that no one is perfect and we all have skeletons in the closet... But some bones are bigger than others.

Can an obsession with technology, turn deadly? Well, these techy teens are about to find out. Federico and his friends have an insatiable desire to "capture" and "record" every memorable moment. However, not all memories are created equal, and these boys are about to discover this harsh reality. Find out in "El Escape".